Ih⁰
1140

HISTOIRE
DU
1ᵉʳ BATAILLON DES FRANCS-TIREURS
DE
PARIS-CHATEAUDUN

PAR

François BAZIN

Officier de l'Instruction publique, décoré de la Médaille militaire,
ex-Officier à l'armée de la Loire.

DANNEMOIS

ABLIS

« Général, faites respecter ces Francs-Tireurs, ce sont des soldats de Châteaudun. »
Paroles du prince CHARLES à Varize.

PARIS
SAUSSET, EDITEUR
7, Boulevard Saint-Martin, 7

—

1872

Vue de la façade de l'Ecole Municipale Turgot sur la rue Turbigo, à Paris.

La haute bienveillance dont nous ont honoré les chefs de la 1re et de la 2e armée de la Loire, MM. d'Aurelle de Paladines et Chanzy, m'encourage à publier l'histoire du 1er bataillon des Francs-Tireurs de Paris-Châteaudun.

Tout le monde connaît l'héroïque épopée du 18 octobre 1870; aussi suis-je honoré de pouvoir raconter les faits et gestes de ces *douze cents soldats improvisés* qui ont su inscrire sur leur drapeau les noms de Dannemois, d'Ablis, de Châteaudun, de Varize et d'Alençon.

Bien des gens qu'on n'ose pas nommer, comme le dit si bien M. Bernot dans sa brochure (1), ont pu, en récompense de notre dévouement à la patrie, nous donner l'amnistie du dédain; il n'en restera pas moins acquis aux yeux de tous que les Prussiens ont toujours professé pour nous la plus grande estime.

A Varize, alors qu'on voulait fusiller des prisonniers, le prince Frédéric-Charles établissait nos titres militaires en prononçant ces pa-

---

(1) Épisode de la guerre de 1870, par J. B. Bernot, officier de l'instruction publique, ancien principal du collége de Châteaudun.

roles dont nous avons le droit d'être fiers : « Général, faites respecter ces francs-tireurs, ce sont des soldats de Châteaudun. »

Notre général, M. le comte Ernest de Lipowski et M. Édouard Ledeuil, notre lieutenant-colonel, en mettant leurs dépêches et correspondance à ma disposition, m'ont mis à même peut-être d'écrire une véritable page d'histoire.

Qu'il me soit permis maintenant de remercier publiquement, au nom de mes camarades, M. Amédée Lefèvre Pontalis, député d'Eure-et-Loir, et M. Émile Marguerin, administrateur délégué près les écoles supérieures municipales de la ville de Paris.

Tous deux se sont associés à notre œuvre; M. Pontalis, en sollicitant de l'Assemblée nationale un secours provisoire et immédiat pour la ville de Châteaudun et pour les communes voisines, *Civry* et *Varize*, qui se sont fait une situation exceptionnelle par leur héroïsme et leurs malheurs; M. Marguerin, en contribuant à l'organisation de notre bataillon et en lui obtenant une subvention du Conseil municipal de Paris.

F. BAZIN

15 avril 1872.

ORGANISATION DU BATAILLON

La Patrie en danger !!!...

Tout est prêt... s'était écrié M. le ministre de la guerre au Corps législatif, dans la fameuse séance du 15 juillet 1870. M. Thiers, qui savait tout.., avait douté, et l'opposition protesta avec énergie contre la déclaration de guerre

246 voix contre 10 votèrent le crédit des 150 millions demandés...

La France, néanmoins, était pleine d'enthousiasme : elle se rappelait encore Iéna !

La Russie vaincue, l'Italie cessant d'être une *expression géographique*, la Savoie et le comté de Nice rendus à la mère patrie, toutes ces gloires, acquises sous le second Empire, n'étaient-elles pas faites pour justifier la confiance du pays ?

On s'apprêta donc à subir tous les sacrifices, car cette guerre devait être « longue et pénible, » et chacun, en accompagnant nos soldats à la gare de l'Est, eut le tort de crier trop tôt : *A Berlin ! à Berlin !*

Il n'en fut rien... malheureusement !!!

Le combat de *Sarrebruck* ne fit qu'exalter nos espérances ; la bataille de *Wissembourg* nous étonna, et la journée de *Reischoffen* jeta le trouble dans Paris et la consternation en province.

On douta alors ; *Mac-Mahon* rejoindra-t-il *Bazaine* ? *Bazaine* fera-t-il sa jonction avec *Mac-Mahon* ? Telle était la question que l'on s'adressait avec angoisse.

Le gouvernement comprit qu'il n'y avait plus qu'à organiser sérieusement la défense de la capitale. On répondit à son appel, car il fallait sauver la France.

La garde nationale « des grands quartiers, » comme on la nommait par dérision, fut appelée à un service actif ; de nombreux volontaires encombrèrent les mairies pour s'enrôler, et, de tous côtés, des *corps francs* se formèrent à la hâte.

Le souvenir de ces *francs-tireurs des Vosges*, dont la tenue martiale avait étonné, en 1867, *Parisiens* et *étrangers*, inspira plusieurs anciens officiers de l'armée.

L'impératrice ouvrit l'*Élysée* aux soldats de MM. Mocquard et Lafont, et, grâce à la bienveillante recommandation de M. Emile Marguerin auprès de M. Henri Chevreau, préfet de la Seine, l'École Turgot s'empressa de recevoir les francs-tireurs de M. Arohnson.

Dans la seconde quinzaine du mois d'août, en effet, on put lire sur un modeste drapeau l'inscription suivante : *Francs-tireurs de la ville de Paris*. Deux hommes en blouse, ayant pour tout équipement un ceinturon de garde national et pour armement un fusil à piston (1), gardaient, à l'extérieur et à l'intérieur de l'Ecole, le *tronc* destiné à recevoir les offrandes patriotiques.

« Des armes et du plomb, même armés de patrio-

---

(1) Deux sapeurs-pompiers des environs d'Amiens : MM. Brousseau et Daverne, engagés volontaires dès les premiers jours (4e compagnie), prêtaient leurs armes aux hommes de garde.

tisme, ne suffisent pas, comme l'a dit le maréchal Niel, pour détruire l'ennemi ; il faut encore bien d'autres choses. » Ces autres choses constituent l'équipement, les vivres et l'organisation, base de tout succès. Il fallut donc se pourvoir d'abord de ces *objets indispensables*, et, après cela, s'occuper de l'instruction militaire des hommes.

M. *Arohnson*, chimiste distingué, honoré d'une mission en Prusse, au moment où le choléra sévissait en Europe, professeur à l'Association polytechnique, présida à l'organisation du bataillon, et sut prévoir les moindres accidents de détail. Pourvu de nombreuses relations, estimé du monde officiel, ami de l'opposition et fort goûté par le général *Trochu*, M. *Arohnson* forma un corps d'officiers, trouva parmi les volontaires les meilleurs instructeurs (1), se pourvut d'un équipement complet, du campement et même de chassepots, armes rares à ce moment.

Nos camarades, il est vrai, les honorables lieutenants *Échasson*, *Martin-Dépy*, *Chabaud-Mollard*, notre regretté *Roussel* (2), les capitaines *Anderer*, *Thomire*, *Bouhardet*, et les sous-officiers *Humbert*, *Nesnard*, *Saint-Ange* et *Laurent*, etc., etc., usant de leur crédit et de leurs services militaires, obtenaient, comme souscriptions, des sommes considérables des notables industriels et commerçants de la capitale.

Les plus grands artistes, Mlle Agar, entre autres, dont les lectures populaires font toujours le charme de

---

(1) Nesnard, ex-caporal au 2e zouaves, aujourd'hui décoré ; Wanpak, ex-caporal dans l'infanterie de marine ; Bloch, ex-sergent au 58e de ligne.

(2) Mort au champ d'honneur, à Châteaudun, le 18 octobre 1872.

nos entretiens littéraires, et M. Roger, de l'Opéra, ne nous firent pas défaut ; au théâtre de la Porte-Saint-Martin, deux conférences bien accentuées par MM. Esquiros et Crémieux, et les chants patriotiques du choral des Enfants de Paris, donnèrent une bonne recette.

Une somme considérable fut bientôt obtenue pour le bataillon du Conseil municipal par M. *Marguerin*, et le directeur de l'école Turgot encouragea ses anciens élèves à prendre rang parmi nous (1). Avec de pareils appuis nous ne pouvions que réussir.

Le bataillon, équipé en quelques jours, par les soins de M. Jacta, compta bientôt huit compagnies présentant un effectif de 1,200 hommes.

L'état-major fut ainsi composé (2) :

Commandant : AROHNSON.
Officier d'ordon-
   nance : HENRI CHABRILLAT. ✼
Capitaine-adjudant-
   major : VALOIS. ✼
Adjudant : MARTIN. ✼
Vaguemestre : CHANCEREL.

SERVICE DE SANTÉ

Chirurgien-major : Docteur CHAMPEAUX. ✼
Aide-Major : DELOULME.
Pharmacien : VNCENT.

---

(1) M. Colson, ancien élève de l'Ecole Turgot, géomètre distingué, partit simple franc-tireur et revint à Paris avec les galons de capitaine.

(2) **La première colonne fait mention des décorations obtenues avant la guerre.**

1ʳᵉ COMPAGNIE

Capitaine : ANDERER.
Lieutenant : CHABAUD-MOLLARD.
Sous-lieutenant : HUSSON, méd. mil.

2ᵉ COMPAGNIE

Capitaine : BOUHARDET.
Lieutenant : LABADIE.
Sous-lieutenant : GICQUEL.

3ᵉ COMPAGNIE

Capitaine : BOULANGER.
Lieutenant : DUROZET.
Sous lieutenant : ROUSSEL. méd. mil.

4ᵉ COMPAGNIE

Capitaine : COLTELLONI.
Lieutenant : LA CÉCILIA.
Sous-lieutenant : BOUILLON (1).

5ᵉ COMPAGNIE

Capitaine : E. LEDEUIL (2).
Lieutenant : ECHASSON.
Sous-lieutenant : SCHEFTER (3).

6ᵉ COMPAGNIE

Capitaine : KASTNER.
Lieutenant : JACTA.
Sous-lieutenant : LORIDAN.

---

(1) Mort il y deux mois en Italie, victime des fatigues de la campagne.

(2) Auteur de la brochure *Défense de Châteaudun*, 18 octobre.

(3) Le frère de M. Schefter, agrégé des lettres, voulut bien venir avec nous; sa belle conduite à Châteaudun et sa mission à Chartres sont connues de tout le monde; il refusa tous les grades pendant la campagne.

7ᵉ COMPAGNIE

Capitaine :   Lipowski (1).
Lieutenant :   Lyœn.
Sous-lieutenant : Perrin.

8ᵉ COMPAGNIE

Capitaine :   Bonnet (2).
Lieutenant :   Marcelli (3).
Sous-lieutenant : François Bazin   (1 ✪). méd. mil.

CANTINIÈRES

Mesdames :   Chartroux.
                  Lacour.

On se doutait si peu du rôle que l'on allait jouer en sortant de Paris, que l'on oublia de demander trois fourgons au service de l'intendance; avec ces trois voitures réglementaires, on se serait évité plus tard bien des ennuis en campagne.

Chaque jour, à 8 heures, le son du clairon se faisait entendre, on faisait l'appel et on allait à l'exercice dans les cours du Louvre. Les commandants des dépôts des voltigeurs et des zouaves de la garde faisaient prêter une cinquantaine de chassepots et on s'exerçait. Quelques officiers : MM. Durozet, Echasson, Roussel, Perrin et F. Bazin se mettaient souvent à la tête de leurs pelotons pour faire connaissance avec leurs hommes.

---

(1) Nommé commandant de notre bataillon, à Moret; puis général de brigade après la brillante affaire d'Alençon.

(2) Mort au champ d'honneur, près Vendôme, en chargeant à la tête de ses éclaireurs à cheval.

(3) Vieux soldat d'Afrique, ex-adjudant au 2e lanciers, mis à l'ordre du jour de l'armée pour le coup d'Ablis; nommé à cette occasion capitaine par le gouvernement de la défense nationale (décret du 16 octobre 1870).

Les événements, pendant ce temps, marchaient avec rapidité ; on avait soif de quitter Paris et, sur une invitation énergique des soldats et officiers, M. Arohnson promit de se mettre enfin en marche. On fut présenté un matin, le 25 août, au général Trochu, et aucun de nous ne laissera échapper de sa mémoire les paroles qu'il voulut bien nous adresser : « Je vous remercie, messieurs, au nom du gouvernement, du dévouement que vous mettez au service de la patrie ; votre conduite est d'autant plus méritoire que la tâche que vous êtes résolus à remplir est difficile. Soyez braves, mais prudents ; cherchez votre arbre, creusez votre trou, profitez des bois et faites une véritable guerre de partisans ; de cette façon, vous empêcherez les réquisitions, et les reconnaissances prussiennes cesseront d'avoir une raison d'être » On se retira, et chaque officier, au retour, communiqua ces instructions à sa compagnie. Les dures épreuves par lesquelles nous allions passer devaient être couronnées de succès : on mit souvent en pratique les conseils du général, et jamais la première et la deuxième armée de la Loire, comme a bien voulu le dire le général Chanzy, ne furent surprises, tant que nous eûmes l'honneur d'être leurs éclaireurs.

On se tint donc prêt à partir, quand la nouvelle de la capitulation de Sedan mit Paris aux abois.

La Chambre s'émut, les cris : « aux armes ! » retentirent le 3 septembre, et, le lendemain 4, la déchéance était réclamée énergiquement par la population tout entière.

Le 4 septembre, au matin, de sourdes rumeurs se firent entendre dans toutes les compagnies...., on devait marcher sur le Corps législatif et proclamer la République peut-être..... Les hommes furent consignés au

1.

quartier, les officiers restèrent en permanence dans la salle de leurs réunions ordinaires, et ce ne fut que vers deux heures et demie que le commandant Arohnson nous donna l'ordre de marcher. On avait parlé de distribuer des cartouches, les hommes en demandèrent à grands cris, lorsque le commandant, les capitaines Boulanger et Kastner et le lieutenant Echasson protestèrent..... On mit baïonnette au canon. On pensait avoir affaire à la garde de Paris et à la gendarmerie, et quel ne fut pas notre étonnement, lorsqu'en arrivant près du quartier Bonaparte, au milieu des vivats enthousiastes d'une population affolée, on sut que la République avait été proclamée ; des députés discouraient sur les marches du palais Bourbon, et la garde de Paris, sabres et baïonnettes au fourreau, nous livra passage. Les francs-tireurs furent dirigés alors sur l'Hôtel de ville. Les cris mille fois répétés de vive Rochefort, qui se montra alors à la foule, et le pillage de certains bureaux, nous apprirent que la révolution était accomplie.

Plusieurs de nos compagnies allèrent occuper la Préfecture de police, les ministères de l'Intérieur et de la Guerre, les Archives et le Mont-de-piété. Au moment où nous prenions possession de la ville, un bataillon du 66ᵉ de ligne et le 22ᵉ bataillon de la garde nationale, venant de la mairie de la Banque, débouchèrent sur la place et nous aidèrent à protéger l'ordre. On fit bonne garde pendant toute la soirée, et jusqu'à minuit des rondes firent main-basse sur des hommes en état d'ivresse et munis de révolvers et de poignards. Tous ces gens, amenés au poste de la mairie du 4ᵉ arrondissement, furent écroués à la Préfecture de police.

Vers les deux heures du matin, plusieurs sentinelles crièrent aux armes ; une patrouille de cavalerie venait d'être signalée à 50 mètres environ de la grille principale. Comme on craignait une attaque de la part de la garde de Paris, on courut en toute hâte sur la place... c'était un peloton de cuirassiers que le général Trochu mettait à la disposition du maire de Paris pour le service des dépêches.

Tous les postes occupés par les francs-tireurs, pendant cinq mortels jours, firent leur devoir ; et ces hommes, que quelques timorés de départements ont traités plus tard lâchement de pillards, déployèrent partout la plus grande énergie ; on respecta leur uniforme et on n'eut à déplorer aucun détournement, aucun scandale, là où la multitude pouvait tout oser.

Enfin, le 7 septembre, on apprend la grande nouvelle ; nous n'allions plus faire la police dans Paris, et la pensée patriotique qui avait animé chacun de nous allait voir le jour : nous marchions à l'ennemi (1). Toute la journée du 9 se passa en préparatifs ; on devait partir le soir .. Aussi, pendant toute cette journée, la rue de Turbigo, le boulevard du Temple et le boulevard Saint-Martin regorgèrent de monde ; le père faisait la conduite à son fils, la mère dévorait ses larmes, l'épouse souriait... en pleurant..., l'enfant, dans sa naïve insouciance, jouait avec un chassepot ou un sabre qu'il s'essayait à porter.

Enfin, à sept heures moins vingt minutes du soir, heure solennelle. et il me semble y être encore, il fallut se séparer... pour toujours peut-être... Mais le clairon sonne, notre marche du bataillon retentit, on forme les

---

(1) Le sergent-major Cohade, plus tard capitaine, ne voulant pas rester à Paris avec la 9ᵉ compagnie, nous demanda de faire partie du 1ᵉʳ bataillon ; on l'accueillit cordialement et ses services nous furent souvent utiles pendant la campagne.

pelotons et les cris de : « Vive la République, vivent les francs-tireurs de Paris » éclatent de toute part. Le chant des volontaires de 92, répété par des milliers de voix, nous accompagne jusqu'à l'embarcadère de la rue de Lyon, et, après une courte halte, il fallut se quitter...

A une heure du matin, tout tressaillants encore d'émotion, nous entrions en gare à Melun Personne en ce moment n'eût cru à l'arrivée prochaine de l'ennemi, et cependant, deux jours après, nous devions entrer en connaissance avec messieurs les uhlans La ville de Melun était en sommeil, et sans l'apparition de quelques gendarmes. on se serait cru la veille ou le surlendemain d'un 15 août.

Les villes de province, grandes ou petites, il faut l'avouer malheureusement, devaient, grâce à l'incurie de ceux qui étaient à leur tête, pendant cette horrible campagne de 1870-71, donner à l'Europe étonnée le plus triste spectacle.

Nancy n'avait pu résister à cinq uhlans. Melun, Chartres et bien d'autres villes ne pouvaient faire autrement que de se rendre et ravitailler l'armée prussienne, pour ne pas être brûlées... Bourges et Orléans n'avaient pas été défendues, comme l'exigeait le *Vercingétorix* dans la guerre des Gaules ; aussi *César* triompha-t-il !... Il devait en être de même à notre époque Depuis un quart de siècle, les longues prospérités de la paix et le culte de l'argent ont fait faire bien des choses ; l'égoïsme et la lâcheté profitèrent de tout ; aussi le pays s'en ressentira-t-il longtemps encore! Dans la plupart des campagnes, au contraire, et nous l'avons éprouvé à Milly, à Dannemois, à Civry, à Varize, etc., etc., le culte de la patrie n'a pas disparu compéltement ; on sait encore se faire tuer à l'occasion ; c'est que la campagne aussi fournit à l'armée, chaque année, ses meilleurs soldats, et que les souvenirs d'un congé font, pendant tout un siècle « les délices des veillées dans la ferme et la gloire des familles. »

On dormait donc à Melun, et comme nous ne savions pas trop si le clairon ne nous mettrait pas en éveil avant le chant du coq, à peine arrivés, chacun pourvu de son billet de logement s'apprêta à prendre du repos. La réception, du reste, fut cordiale...; on ne savait pas alors ce que pouvait coûter à une ville l'amitié des francs-tireurs de Paris.

NOTRE ENTRÉE EN CAMPAGNE

> Wer da !! Wer da !!
> Sus aux Uhrelands !! (1)

Le lendemain, 10 septembre, jour de marché, grand fut l'ébahissement de la population, en apercevant les francs-tireurs, et, sauf quelques notables commerçants et quelques fonctionnaires publics, l'accueil fut glacial. Le conseil municipal et M. le maire ne nous considérèrent que comme des hommes dangereux; chacun pensait à ses intérêts; la garde nationale elle-même ne nous fit pas l'honneur de fraterniser; les cafés, les restaurants doublèrent les consommations; les dragons de l'impératrice, seuls, nous traitèrent en soldats; ils comprenaient que la patrie avait besoin de tous ses enfants...

---

(1) Les cris assourdissants des Prussiens : hurrah ! hurrah ! avaient fait surnommer nos ennemis les Uhrelands.

Le 11, le commandant Arohuson partit pour Paris, pour chercher nos commissions, et donna l'ordre aux capitaines de se diriger sur le Châtelet; c'était la première fois que nos soldats faisaient une marche forcée; tout le monde se comporta honorablement, et, à sept heures du soir, le maire, le curé et les habitants de cette localité, dont nous saurons les noms un jour, il faut l'espérer, nous reçurent à bras ouverts; on passa la nuit dans les granges, et, pour la première fois, on entendit toute la nuit les cris de : *Qui vive? qui vive?* On s'étudiait à bien se garder, et nous en avions besoin. Quelques-uns de nos hommes, encore sous le coup du 4 septembre, eurent la faiblesse de s'attaquer au drapeau qui flottait sur la gendarmerie. Un misérable, que nous voulions fusiller, un de ces hommes que l'on rencontre toujours au moment des révolutions, s'attaqua à un vieillard et lui demanda la bourse ou la vie... On le désarma, et peut-être les uhlans en ont-ils fait justice.

A midi et demi on sonna la marche du bataillon, et on se dirigea sur la ferme de Ville-Fermoy. Un Russe (1) ou un Prussien, car il y en avait encore beaucoup dans le pays, fut relâché, malgré les protestations de plusieurs officiers; il pouvait bien ayant été deux ans manouvrier, servir de guide à nos ennemis; le capitaine Bonnet, quelques minutes après, jeta le cri d'alarme : il avait vu deux uhlans, et, malgré les justes observations des lieutenants Marcelli et Bazin, on marcha en avant; nous fîmes huit kilomètres en terre labourée; un petit bois qui devait servir de refuge aux deux uhlans en question fut fouillé, et chacun, à son

---

(1) A Cloyes, le 5 novembre, sur dix blessés prussiens, il y avait un Russe, qui avoua avoir été enrôlé au commencement de la guerre.

grand regret, se retrouva un peu.. confus. Il était temps... Nous arrivions alors à la ferme de Fanpou, et le lieutenant Durozet, auquel nous fîmes part de notre mésaventure militaire, nous engagea à nous rendre à Valence (1).

A cinq heures et demie, le bataillon prenait ses positions au bas de la côte, et, au moment où les officiers discutaient sur la manœuvre du capitaine Bonnet, un grand bruit se fit entendre, les carreaux de notre salle à manger volèrent en éclats, on enfonça les portes et des hommes « que l'on ne voulait pas mener à l'ennemi, » selon le dire du docteur Champeaux, nous mirent en joue, sans se rendre compte de l'acte qu'ils commettaient. Chaque officier harangua alors ses hommes et, au bout d'une demi-heure, toutes les compagnies rentraient en ville; le docteur Champeaux, victime de sa légèreté, fut maltraité par ceux qui l'avaient acclamé auparavant et jeté en prison dans une maison particulière; on lui mit les menottes.

A dix heures du matin, 13 septembre, on quitta Valence, et sans regret; la bouchère de l'endroit nous avait refusé, la veille, de la viande à prix d'argent, avec ce mot qu'aucun de nous n'oubliera : « *Si les Prussiens venront, ils ne trouveront rien, donc, vous n'aurez rien !!!* » Quarante hommes du bataillon, timides ou découragés nous abandonnèrent et laissèrent armes et bagages, dont les paysans de l'endroit ne firent peut-être aucun bénéfice.

---

(1) Deux jeunes artistes de l'Ecole des Beaux-Arts, engagés dans la garde nationale de Melun, nous avaient suivis et se fatiguèrent aussi à rechercher des ennemis invisibles.

Le 13 septembre, on arriva à Montereau (encore une *marche forcée*); mais la fameuse chanson de :

> J'ai deux œufs dans mon panier,
> Veux-tu, Michaud, m' les dénicher?
> Où est Michaud?
> Il est en haut.
> Où est Thomas?
> Il est en bas.
> Ah! réveille, réveille, réveille,
> Ah! réveille, réveille tes gars.

fit oublier les étapes, et chacun fut heureux de pénétrer dans cette bonne ville, où, en 1814, les femmes étaient des hommes devant les Cosaques.

Malheureusement, la municipalité fut comme dans trop d'autres endroits, et le maire, M. Lebœuf, après avoir bien réfléchi, déclara aux officiers des francs-tireurs que si « nous ne vidions pas les lieux avant une heure, sa garde nationale nous chargerait à la baïonnette. » On rit d'abord; on fit une conférence aux ouvriers, non gardes nationaux, qui ne demandaient pas mieux de défendre la ville, et, après des pourparlers impossibles, on se décida à regret à évacuer la cité.

Nous avions eu, heureusement, une grande consolation : à quatre heures de l'après-midi, le capitaine Kastner et le lieutenant la Cecilia, qui avaient fait des reconnaissances à Nangis et à Donnemarie, nous annonçaient qu'ils avaient tué trois uhlans et fait deux prisonniers !

A deux heures (13 septembre) on quitta Montereau, aux cris mille fois répétés, par le bataillon et les habitants : *A bas l' maire! à bas l' maire!* On se dirigea sur Moret, où nous fûmes reçus en soldats; le maire et les habitants s'empressèrent de nous offrir l'hospitalité, et, pour passer le temps, on alla voir le fac-similé de la cage du cardinal Labalue, la vieille cathédrale et le château de la reine Blanche ; on aurait même osé rendre visite à Mlle Rosa Bonheur, à Thomery, si l'on n'avait pas eu l'amour du uhlan. Quelques heures auparavant, ne voyant pas revenir le lieutenant-colonel Arohnson, les officiers décidèrent d'une voix unanime de nommer un commandant militaire ; nous ne pouvions, en effet, flotter entre Paris et la province ; nous voulions marcher à l'ennemi, et il fallait oser.

Le capitaine Lipowski et M. Edouard Ledeuil, anciens officiers de l'armée, qui avaient deviné les tergiversations de M. Arohnson, furent les deux seuls candidats choisis par nous ; une voix de majorité acclama M. Lipowski... M. Edouard Ledeuil devait montrer, à Châteaudun, ce qu'il était capable de faire...

Il fut alors décidé qu'une députation de trois officiers (MM. Bouhardet, Echasson et Roussel) serait envoyée à Paris, pour faire confirmer par le gouvernement de la défense nationale la nomination du nouveau commandant.

Le 14 septembre, nous arrivions à Fontainebleau, et la population nous fit le meilleur accueil. M. Chanet, directeur du collége, mit sa maison à la disposition des officiers. On logea, on alla le lendemain faire une excursion dans la forêt : la Tête de mort, la Grotte, la Roche qui pleure reçurent notre visite ; et, malgré les renseignements exacts donnés par les anciens soldats du château, M. Arohnson, revenu alors dans la soirée, donna l'ordre de la retraite... Qu'y avait-il donc ? Rien : nous étions près d'une forêt impénétrable, et notre tâche pouvait être remplie. Devant une pareille incurie et l'esprit de désordre qui régnait un peu partout, MM. Anderer et Châbaud-Mollard eurent le tort de nous quitter ; beaucoup d'hommes les suivirent ; et je crois, à ce sujet, être l'interprète de mes camarades, en regrettant ce départ précipité ; MM. Châbaud-Mollard et Anderer, qui avaient fait leurs preuves en Afrique, en Crimée et au Mexique, avaient tout pour nous seconder, et malgré les services qu'ils ont pu rendre à la ville de Paris, leur place était à côté de nous à Châteaudun, à Varize et à Alençon.

D'après certains renseignements, on partit pour Melun, à minuit, et, à cinq heures du matin, nous avions terminé notre étape. Les Prussiens, quelques jours auparavant, avaient exigé 4,000 rations de la municipalité. Le maire toujours hésitant, nous accueillit de nouveau avec froideur, et ce ne fut que d'après les menaces du lieutenant Bazin que la manutention se décida à livrer les vivres dont nous manquions depuis vingt-quatre heures. A neuf heures du matin, deux coups de canon épouvantèrent la population, et le commandant Lipowski ordonna de faire des barricades devant la passerelle ; la 4ᵉ compagnie, envoyée à Rubelles en reconnaissance, ouvrit le feu contre les uhlans qui venaient réquisitionner, en tua deux et fit un prisonnier ; le franc tireur Grasse (1) eut l'honneur de faire respecter le uhlan par les paysans qui voulaient l'assassiner. La défense de la ville était impossible... La garde nationale était absente... ; aussi fallut-il se retirer.

On se dirigea alors sur Milly, et, arrivés à Perthes, il y eut une fausse alerte ; le capitaine Durozet (2) donna

---

(1) Sculpteur distingué.
(2) Nommé capitaine adjudant-major à Fontainebleau.

l'ordre au bataillon de s'embusquer sous bois; on attendit en vain, et les compagnies furent dirigées sur Courances, Dannemois, Moigny et Milly.

Pendant ce temps (17 septembre), le capitaine Jacta, les sergents Nesnard et Dussol furent envoyés à Fontainebleau pour réclamer à la municipalité les bagages et les sacs que le lieutenant-colonel Arohnson lui avait confiés.

On eut, bien entendu, une fin de non recevoir, et les trente hussards de la Mort que les gardes nationaux avaient fait prisonniers, quelques jours auparavant, nous furent refusés; peut-être furent-ils rendus à leurs amis, pour payer la rançon de la ville, quelques jours plus tard.

Le 18 septembre, jour de gloire pour la commune de Dannemois, le colonel Arohnson, poursuivi, disait-il, par quarante uhlans, reprit son sang-froid devant les dispositions prises par le capitaine Jacta (3). Les hussards de la Mort et les uhlans, voyant qu'ils avaient affaire à une *troupe régulière*, se replièrent sur Perthes, tout près à attaquer nos avant-postes. On fait alors des barricades à Milly, on arrête le maire de ce chef-lieu de canton, parce qu'il ne veut pas se défendre, et on attend. La brave population de Milly, électrisée par notre arrivée, se lève en masse. M. Dalier, vieux soldat d'Afrique, son fils aîné, qui a fait un congé, l'instituteur, M. Sergent, notaire, l'agent de la force publique, M. Poirier, M. Dornier, conseiller municipal et seize autres braves agriculteurs, nous prêtent main-forte et rivalisent d'audace, en faisant des reconnaissances aux environs.

---

(3) Nommé capitaine de la 1re compagnie, après le départ de M. Anderer.

Malheureusement, le lieutenant-colonel Arohnson, plein d'hésitation, compromet encore une population enflammée de patriotisme et donne l'ordre du départ le 19 au matin.

Ces braves gens, qu'on avait ainsi abandonnés, montrèrent, le 26 septembre, ce qu'ils étaient capables de faire. Retranchés à la Montignotte, ils firent mordre la poussière à une centaine de Prussiens, et reprirent les réquisitions que l'on avait faites dans leur bonne ville. Quelques uns, l'instituteur entre autres, furent emmenés en Prusse et traités d'une façon outrageante.

DANNEMOIS

Que se passait-il pendant ce temps à Dannemois? La 8e compagnie, détachée dans ce village, comme on l'a dit précédemment, recevait des habitants de la commune et de son maire, M. Bocquet, l'accueil le plus sympathique; après une marche de vingt kilomètres, les 25 braves gardes nationaux de l'endroit nous permirent de prendre une nuit de repos : on ne sentait plus ses jambes.

Le lendemain, nous faisions des patrouilles pendant la nuit à 5 kilomètres; on apprenait en route, à nos futurs compagnons d'armes, les éléments de l'école de peloton. Le dimanche 18 septembre, jour de la fête du pays, on joua, sur l'orgue de la cathédrale, le Noël d'Adam, et, à midi et demi, après un petit discours de remercîment, on s'apprêta à partir.

Un fermier des environs, allant à Courances, vint alors nous railler sur nos projets de défense; il passa..., et je n'ai qu'un regret, celui de ne pas l'avoir arrêté. Quelques minutes auparavant, un employé des contributions indirectes, d'un département voisin, se sauvait à toutes jambes!... Qu'y avait-il donc?... Les escadrons du prince *Albrecht* avaient passé l'Essonne, après avoir été bien reçus à Corbeil, et les 25 braves gardes nationaux qui surveillaient l'ennemi à un kilomètre de Dannemois firent leur devoir. MM. Belzanne, Ledur, Michaut et Gauthier, tous pères de famille, comme la plupart d'entre nous, encourageant leurs concitoyens, ne se laissèrent pas surprendre... Avec six cartouches et des fusils à piston, ils tuèrent 50 hussards poméraniens!... Au moment où le capitaine Bonnet donnait l'ordre du départ, M. Ledur arriva tout haletant : « Mes amis, dit-il, Dannemois a fait son devoir... A votre tour!

On ne le se fit pas dire deux fois. L'ennemi était à 100 mètres (1,500 hussards poméraniens, 200 dragons bleus et 4 pièces de montagne). Le temps était précieux, les minutes devenaient des heures... la fusillade se faisait entendre de tous côtés, et le brave sergent Bloch, qui connaissait son métier, comprit dans mon regard ce qu'il y avait à faire; prenant 6 hommes, il se porta en avant. Le capitaine Bonnet s'écria alors : « Allons, mes amis, aux Prussiens! » et il mit en tirailleurs 65 francs-tireurs à dix mètres des cavaliers; et nous étions 83 en tout!

Je compris de suite la situation. « Qui m'aime me suive! » m'écriai-je. Et comme je voyais qu'on allait sacrifier des braves gens inutilement, je parvins à rallier 18 hommes; je les fis mettre sous bois. Nous attendîmes, et nos chassepots devaient alors faire merveille!

Le brave sergent Bloch, pendant ce temps, dédaignant de mettre baïonnette au canon, s'escrimait à coup de crosse contre quatre hussards; il en démonta deux et, au moment où les coups de sabre pleuvaient sur sa tête (18 blessures qu'il reçut), j'ordonnai à Retrou, un des meilleurs tireurs du bataillon, d'en finir avec le cinquième adversaire de notre ami. Le coup avait porté juste; le cheval seul était sauvé, grâce à deux hommes de renfort. Les coups de fusil roulaient, roulaient toujours; près de 100 Prussiens étaient hors de combat; ils battaient en retraite; nous nous croyions sauvés quand une volée, deux volées de mitraille nous couvrirent de ramée.

« Allons, mes enfants, dis-je, pensez à votre chère patrie, la République, c'est vous; faites comme nos chasseurs de Vincennes : genou, terre, tirez et tirez bien ! — Oui, mon lieutenant, me répondit-on en chœur. » A peine avais-je savouré cette belle réponse, qu'un homme tout couvert de hongroises, un capitaine et un maréchal-des-logis, apparurent sur la gauche du petit pont que j'avais défendu d'enlever. Ces messieurs se parlaient à l'oreille. « Feu !.. feu !... mon vieux Retrou, photographie-moi ce prince de Gérolstein. » Je n'avais pas achevé que le comte de Horn (c'était lui) tombait frappé d'une balle au cœur; le capitaine subissait bientôt le même sort et le maréchal-des-logis priait à son tour pour le bon Dieu des francs-tireurs de Paris.

Que vis-je? alors. Horreur !.. Un de mes hommes, nommé Pralon, qui avait eu la folie chevaleresque d'étancher la blessure du capitaine, fut pris par deux dragons bleus; on l'attacha à la queue d'un cheval et alors... il ne restait plus, de ce pauvre enfant de dix-sept ans, qu'un cadavre mutilé ! Le misérable qui avait fait ce beau fait d'armes eut l'audace de venir se remettre devant nous... il eût son châtiment.

Le comte de Horn, dont Retrou avait fait une victime, fut soigné par le brave M. Pottier ; n'écoutant que son bon cœur, ce brave franc-tireur recevait du vaincu le dernier soupir ; aussi fut-il sur le point de périr victime de son dévouement ; on voulut le fusiller, et cependant le comte de Horn, avant d'expirer, lui avait dit : « Bon français, bon franc-tireur, merci ! merci ! Qu'il me soit permis, à cette occasion, de remercier publiquement ce brave camarade. » Quand les mousquetons s'abaissèrent deux fois sur lui, il s'écria en se frappant la poitrine : « Tirez, tirez donc ! je suis républicain et franc-tireur ! » Ils n'osèrent pas. Pendant que les sergents Orwatt, Collier, Laurent et Martin faisaient bravement leur devoir, le capitaine Bonnet, sans nous prévenir, battait en retraite sur Milly ; nous avions tué 140 hommes et blessé 60 hussards ou dragons bleus (1) ; nos prisonniers étaient au nombre de 7, dont 2 officiers. Nos pertes s'élevaient à 4 hommes tués. La lutte avait été terrible, le combat avait duré deux heures, et les deux compagnies placées à Moigny et à Courances n'avaient pas entendu le canon et la fusillade. M. Loridan, il est vrai, qui était à Courances, nous avait envoyé, à onze heures, un nommé Hugo, déguisé en paysan, pour nous engager à nous replier sur Milly ; mais ce franc-tireur, que mon capitaine interrogea, ne sut nous dire les noms de ses chefs et de ses sergents ; nous dûmes donc l'arrêter ; au moment du combat, ce brave garçon, qu'on avait failli par trop compromettre, se battit comme un beau diable et tua plus de 5 Prussiens. M. Arohuson, qui allait quitter Milly, le 19 septembre,

---

(1) Rapport du Conseil municipal de Dannemois au préfet de Seine-et-Oise.

voulut bien m'envoyer un renfort qui rebroussa chemin une heure après, d'après ses nouvelles instructions. Il était trop tard, car, poursuivi par deux nouveaux escadrons, j'eus à passer, dans la grange du fermier Lebeau, huit mortelles heures. Les braves gens du pays, qui savaient où nous étions, ne nous trahirent pas, et cependant le village brûlait. Grâce au dévouement de mon sergent Richter, ancien zouave, qui alla se rendre compte de la situation en allant causer avec les Prussiens, nous pûmes sortir de ce mauvais pas : on ramena mon prisonnier. Le prince Albert devait nous échapper. Avec MM. de Lipowski et Ledeuil, nous aurions inauguré la campagne par un joli coup de main.

Furieux de notre résistance et exaspérés par leurs pertes, les Prussiens s'étaient jetés sur le maire de Dannemois, M. Bocquet; on le frappa à coups de crosses, on le terrassa, on s'empara de son fils, et six fois les mousquetons s'abaissèrent sur ces braves gens... Mme Bocquet, n'écoutant que son courage, se jeta aux pieds des officiers et obtint enfin la délivrance de ceux qui lui étaient chers. « On vous fait grâce de la vie pour ne pas avoir abandonné votre commune, s'écria un officier général, allez ! »

Noble récompense qu'un maire de campagne, à cette époque, put obtenir de l'ennemi ! Aussi, le Conseil municipal de cette petite commune a-t-il exprimé sa reconnaissance à cet homme de cœur, en rédigeant un procès-verbal auquel M. le ministre de l'intérieur fera droit peut-être un jour. Treize maisons avaient été brûlées, et les pauvres gens qui avaient payé leur dévouement à la patrie reçurent pendant quelques mois l'hospitalité de l'honorable M. Bocquet. Avec de tels maires, la France ne doit pas se croire dégénérée !

Croyant prendre leur revanche, nos francs-tireurs, outrés de ne pas avoir prêté main-forte à la 8ᵉ compagnie se dirigèrent le 19, à minuit et demi, sur le château de Courances ; on pensait pouvoir surprendre le camp ennemi. La 3ᵉ compagnie se porta en avant, et le sous-lieutenant Cohade, qui commandait une quarantaine d'hommes venus d'Orléans, s'apprêtait à escalader la grille du parc, quand une fausse alerte, dont on n'a jamais pu se rendre compte, fit avorter l'attaque. On se replia sur Milly, et, pour la deuxième fois, le prince Albrecht put croire à son étoile.

Le lendemain matin, à six heures, le bataillon se dirigeait sur Malesherbes. La 3ᵉ et la 6ᵉ compagnie, qui servaient d'arrière-garde, poussèrent une reconnaissance jusque sur Courances; le franc-tireur Guillemin, qui s'était trop éloigné, fut attaqué par deux dragons bleus ; trois blessures le récompensèrent de sa témérité. Le sergent Poncelet (1) qui était resté en arrière dans le chef lieu de canton que nous venions d'abandonner, fut plus heureux ; après avoir tué deux hussards de la mort, il nous rallia bientôt; c'était jour de marché, et un naïf paysan qui, avec une centaine de ses camarades avait assisté à l'action, sans s'en mêler, reprocha à notre ami sa belle conduite : « Vous auriez pu blesser quelqu'un, lui dit-il, faut faire attention! »

Poursuivis comme nous l'étions, on fit une étape de cinq lieues A notre arrivée à Malesherbes, le 19, la garde nationale nous reçut à bras ouverts ; l'affaire de Dannemois, le mousqueton de hussard (2) que chacun se

---

(1) Mort au champ d'honneur, à Châteaudun.

(2) M. Bernot, ex-principal au collége de Châteaudun, aujourd'hui à Châtillon-sur-Seine, a bien voulu me le garder jusqu'à ce jour.

passait à l'envi et la présence de notre prisonnier avaient produit une profonde sensation. Vers les quatre heures, un peloton de cavalerie ennemie fut signalé à la gare ; malheureusement le chef de poste donna trop tôt l'ordre de tirer ; les francs-tireurs Grasse et Planard ne tuèrent qu'un cheval. Le soir, après quelques reconnaissances, le colonel donna l'ordre du départ, à une heure du matin, pour Pithiviers. Beaucoup de francs-tireurs, peu habitués aux marches de nuit furent faits malheureusement prisonniers ; plusieurs même furent fusillés ; l'ennemi, en effet, ne nous traitait pas encore comme belligérants. Le 20, après avoir pris quelque repos, on se dirigea sur Chilleurs-aux-Bois (1) ; les hussards de la Mort, qui nous avaient remplacés à Pithiviers, eurent à faire pour la première fois au 6e régiment de hussards français ; le sous-lieutenant de Brosse, qui avait donné l'exemple en mourant frappé de deux balles, après avoir tué cinq ennemis, prouva que notre armée renaissait de ses cendres. Le général de la Motte-Rouge, en effet, chargé par le gouvernement de la défense nationale de défendre Orléans, avait rassemblé 10,000 hommes à peine, pris dans les dépôts de nos régiments; s'occupant sans cesse de surveiller l'ennemi, il fortifiait la forêt d'Orléans, en y faisant élever des tranchées et formait l'embryon de l'armée de la Loire.

Le général d'Aurelle de Paladines allait bientôt faire le reste. Fay-aux-Loges, Jargeau, qui nous fournirent plusieurs engagés volontaires, furent nos dernières étapes jusqu'à Orléans. Le bataillon, dont les bagages avaient

---

(1) Pauvre petit village victime des malheurs de la guerre, auquel M. le ministre de l'instruction publique a fait présent, cette année, de cartes murales pour la maison-école.

été perdus en route, par des départs trop précipités, avait besoin de se ravitailler. La municipalité de cette grande ville (1) mit une caserne à notre disposition et nous fraternisâmes avec l'armée. MM. Guiselin, alors inspecteur d'académie et Tranchaud, proviseur du lycée d'Orléans, dont la conduite honorable pendant l'invasion fut digne de tout éloge, nous accompagnèrent de leurs vœux jusqu'à la gare; Mgr Dupanloup, dans un de ces sermons qui touchent au cœur, rappela à chacun ses devoirs : « La patrie, disait-il, ne peut pas mourir ! la fille aînée de l'Église paie peut-être ses fautes aujourd'hui; demain, son abnégation et son courage lui rendront favorable le dieu des armées ! » M. de Lipowski, se faisant l'interprète des officiers et du soldat, comprit que le gouvernement de Tours devait nous mettre à même de continuer une campagne commencée aussi laborieusement. Depuis dix-sept jours, en effet, nous n'avions plus de solde; notre première mise d'entrée en campagne ne nous avait pas été donnée, et les soldats ne vivaient que par réquisitions ou l'argent que chacun de nous avait emporté de Paris. Il fallait donc en finir avec un tel état de choses et, le 28 septembre, nous arrivions à Tours, à deux heures et demie de l'après-midi.

---

(1) Personne n'a oublié la belle résistance de ses habitants dans la journée du 11 octobre.

RÉORGANISATION DU BATAILLON

Le colonel Arohnson conduisit les hommes à un ancien casino en ruines, leur annonça qu'ils allaient coucher sur la paille et que les vivres leur seraient bientôt distribués. Ces braves gens, qui n'avaient pas dormi dans un lit depuis plusieurs semaines, épuisés par des reconnaissances et des marches forcées, attendirent patiemment ces vivres; on leur apporta de la viande crue, et laquelle! On cria partout : « A bas le colonel! à bas le colonel! » et, pendant que la 8ᵉ compagnie, conduite par ses officiers, recevait des sœurs et des habitants l'hospitalité la plus cordiale, la majorité de nos hommes se dirigea vers l'archevêché, pour porter ses plaintes à MM. Crémieux et Glais Bizoin, délégués de la défense nationale. Après quelques-unes de ces paroles qui font battre des mains mais ne guérissent guère les faiblesses du corps, on nous apprit que la marche du bataillon était sonnée par des clairons étrangers aux francs-tireurs, que des vivres étaient à la gare et que des individus excitaient à la rébellion contre les officiers enfin qu'un train était prêt pour les dissidents pour se diriger sur Orléans, par ordre du maire de la ville. Aussitôt, des officiers se détachèrent et allèrent à la gare se rendre compte de la situation. Des groupes avinés les rudoyèrent. Un officier fut frappé d'un coup de baïonnette à la tête et fut obligé de faire feu pour défendre sa vie et faire respecter la discipline méconnue. En résumé, le bataillon que nous venions ici renforcer en l'épurant, fut jeté dans le désordre le plus complet. Plusieurs de ces braves gens prirent le train commandé pour Orléans et y reçurent un triste accueil. Que faisait en ce moment M. Arohnson ? On n'a jamais pu le savoir. Le bruit courut que le gouvernement l'avait fait arrêter .. on chercha le colonel, on s'émut, et pendant que les officiers faisaient tout pour arrêter la révolte, les autorités donnaient l'ordre à la légion étrangère de prendre les armes pour désarmer ceux qu'on appelait des factieux.

On dira peut-être que les francs-tireurs, signalés par une pareille indiscipline, étaient plutôt un danger en ce moment qu'un utile concours ; la conduite de nos hommes, quelques jours après, prouva que l'incurie seule du gouvernement et l'apathie des populations étaient la cause de ces désordres.

La nuit vint calmer heureusement les mécontents, et le corps d'officiers rédigea immédiatement une protestation énergique. Il s'en fallut peu le lendemain que MM. de Lipowski, Ledeuil, Boulanger et Kastner fussent arrêtés ; on les avait dénoncés au secrétaire général de la Préfecture. . Il n'eut plus fallu que cela pour couronner l'œuvre du 27 septembre.

On demanda à la Défense nationale, pour nous constituer militairement :

1° La solde régulière de la troupe ;

2° L'entrée en campagne et la première mise des officiers ;

3° Le complément en linge et chaussures nécessaires pour une deuxième campagne ;

4° Le pouvoir de réquisition ;

5° L'adjonction de 50 cavaliers pour faire le service d'éclaireurs, destinés à nous sauvegarder contre les

2.

fausses nouvelles dont nous avions été dupes jusqu'à ce jour, et qui avaient paralysé nos moyens d'action.

Au lieu de faire droit à nos justes réclamations, M. Glais-Bizoin, toujours avec des paroles chaleureuses, continua à désorganiser le bataillon; il le fit dissoudre, et les officiers, commissionnés par le gouvernement de Paris, les ministres de la guerre et de l'intérieur, comme nos brevets en font foi encore, furent obligés de passer sous les fourches de l'élection. Le colonel Arohnson cessa, il est vrai, d'avoir l'honneur de nous commander, mais de nouvelles promotions vinrent jeter partout le trouble.

Faut-il en vouloir à ces braves soldats qui s'aguerrissaient de jour en jour en tuant le uhlan? Non, certainement! La faute venait de plus haut; on nous mettait en suspicion vis-à-vis de nos hommes et, j'ai peine à le dire, quand nous sollicitâmes une audience auprès des délégués de la Défense nationale, nous eûmes des fins de non-recevoir. Le premier franc-tireur venu, au contraire, avec le mot magique de *citoyen*, était reçu cordialement par ces messieurs, et avait même l'honneur de leur presser la main. M. de Lipowski, ne voulant pas se séparer de ses camarades, prit sur lui de faire rentrer tous les offficiers non réélus au bataillon; il nomma un capitaine-major, un lieutenant d'habillement, un lieutenant trésorier et un sous-lieutenant (1) d'armement. Nous n'oublierons jamais le service qu'il nous a rendu à cette occasion; que pouvions-nous faire, en effet, à Orléans, quand Paris était investi, nous, nommés officiellement par la Défense nationale?

---

(1) Après le coup d'Ablis, M. F. Dazin, non réélu, fut fait sous-lieutenant d'armement, sur la proposition du lieutenant Marcelli.

Le bataillon, après ces élections, fut ainsi de nouveau composé :

ÉTAT-MAJOR

Commandant : E. DE LIPOWSKI.
Capitaine adjudant-major : DUROZET.
Capitaine-major : COLTELLONI.
Lieutenant trésorier : HUSSON.
Lieutenant d'habillement : LYŒN.
Sous-lieutenant d'armement : F. BAZIN.
Adjudant : BATAILLE (1).
Vaguemestre : CHANCEREL.

SERVICE DE SANTÉ

Chirurgien-major : DELOULME.
Aide-major : VIGOUROUX.
» HAUER.
Pharmacien : VINCENT.

Ire COMPAGNIE

Capitaine : JACTA.
Lieutenant : MARTIN.
Sous-lieutenant : BRENIÈRE.

2e COMPAGNIE

Capitaine : BOUHARDET.
Lieutenant : LABADIE.
Sous-lieutenant : DUCHAMP, méd. milit. (2).

3e COMPAGNIE

Capitaine : BOULANGER.
Lieutenant : CHABRILLAT.
Sous-lieutenant : DUSSOL,

---

(1) Mort au champ d'honneur, à Châteaudun.
(2) **Mort au champ d'honneur**, à Alençon, le 15 janvier.

4e COMPAGNIE

Capitaine : BOUILLON.
Lieutenant : PLANARD.
Sous-lieutenant : HATTAT.

5e COMPAGNIE

Capitaine : E. LEDEUIL.
Lieutenant : ECHASSON.
Sous-lieutenant : SCHEFTER.

6e COMPAGNIE

Capitaine : KASTNER.
Lieutenant : GICQUEL.
Sous-lieutenant : CARDON (fils).

7e COMPAGNIE

Capitaine : LA CÉCILIA.
Lieutenant : MARCELLI.
Sous-lieutenant : PERRIN.

8e COMPAGNIE

Capitaine : LORIDAN.
Lieutenant : AMORY.
Sous-lieutenant : DEEENHOER.

9e COMPAGNIE

Capitaine : COHADE.
Lieutenant : DELAPLAGNE.
Sous lieutenant : BÉCHU.

Le 29 septembre, après une visite de M. Glais-Bizoin à l'hôtel de l'Univers, on se mit en route pour Châteaudun. Notre sort était désormais assuré, nous avait-on dit; linge, vêtements, chaussures, devaient nous être envoyés bientôt; de plus, nous allions avoir l'honneur d'être placés sous l'autorité militaire en qualité d'éclaireurs. Chacun se réjouit fort, et après avoir repris un peu de confiance, le jour même, à dix heures et demie du soir, nous entrions en gare dans cette valeureuse petite ville, dont l'histoire n'oubliera jamais la noble devise : *Exstincta revivisco !*

CHATEAUDUN (1), à 44 kilomètres S.-S.-O. de Chartres, sous-préfecture du département d'Eure-et-Loir, dans une charmante situation, sur une hauteur, près de la rive gauche du Loir, devenait, dès ce jour, le nid des *hirondelles noires* (2) et la base de nos opérations dans la Beauce. Comme l'a si bien dépeinte M. Jules Claretie (3) « CHATEAUDUN est bâtie sur le plateau Beauceron, à l'Ouest, aux confins du Perche, dominant la vallée du Loir.

» Cet escarpement est formé d'une double pointe. C'est sur la première, taillée à pic, au Nord, au-dessus du Loir, et qui se termine en pente roide, à l'Ouest et au Sud, que s'élève la partie principale de la ville, dite la ville haute. La seconde pointe, d'un rayon concentrique plus étendu, enveloppe la première du Sud à l'Ouest, et, comme elle vient mourir sur le bord de la rivière, c'est entre ces deux éminences, dans le ravin qui, sous le nom de Saint-Jean, se prolonge jusqu'au Loir, qu'est la ville basse. CHATEAUDUN, on le voit, ne tient donc aux plaines de la Beauce que d'un seul côté et n'est accessible de plain-

---

(1) *Castellodumum, Castrum Dunense* ou *Dunii* (Dun, en celtique hauteur), appelée Dun-sur-Loir, sous la première république, devint, au XVIe siècle, après avoir été vicomté, la capitale du comté Dunois auquel elle avait été réunie.

(2) Surnom que nous donnèrent les Prussiens après l'affaire d'Ablis (9 octobre 1870).

(3) *Histoire de la Révolution de 1870-1871.*

pied qu'à l'Est, par la route d'Orléans au Mans, qui traverse la ville haute dans sa longueur. La ville haute, détruite dans un incendie (1723), a été reconstruite entièrement depuis. Les rues sont droites, symétriques, les maisons peu élevées, sont généralement régulières. Au centre de la ville se trouve une vaste place sur laquelle se tient le marché (1), et ornée d'une fontaine monumentale; trois rues principales viennent y aboutir de l'Est: les rues de Chartres, d'Orléans et d'Angoulême. La place franchie, elles se dirigent vers l'Ouest et deviennent les rues de Luynes, Royale et de la Madeleine. CHATEAUDUN est desservi par la ligne de *Brétigny à Tours*, qui coupe la route d'Orléans avant l'entrée de la ville; la gare est située entre les routes d'Orléans et de Chartres, auxquelles elle est reliée par de petites voies, et sa situation à la pointe du plateau en fait en quelque sorte la clef de la ville, qui n'est à découvert que de ce côté. Au Nord, en effet, elle est garantie par la vallée du Loir; au Sud et à l'Ouest, elle est accessible à l'artillerie, mais la conformation du terrain rend difficile l'approche d'un corps d'armée; ce n'est donc qu'à l'Est, par la Beauce, qu'elle peut craindre une attaque. C'est par là d'ailleurs que l'ennemi devait se présenter, plus tard, un beau jour.

» Les monuments principaux qui, par leur élévation, émergent du niveau de la ville, sont: l'hôpital, l'église de la Madeleine, la sous-préfecture, l'église Saint-Valérien, et enfin l'antique château des comtes de Dunois, avec sa tour massive de Thibaut-le-Tri-

---

(1) Commerce de grains et de farines.

cheur qui se dresse altière sur le roc. L'hôtel de ville est sur la place ».

L'accueil que l'on nous fit, en descendant de wagon, témoigna des sentiments généreux qui animaient la population. Nous n'eûmes plus alors le cœur gros comme dans les autres villes, et tous les déboires de notre entrée en campagne furent bientôt oubliés. Ainsi est fait le Parisien.... Châteaudun pouvait désormais compter sur nous jusqu'à la mort...

Le maire, M. *Lumière*, MM. les membres du Conseil municipal (1), l'excellent M. Bernot, principal du collège, et le sous-préfet, M. Millochau, nous traitèrent en frères d'armes.

Au moment de l'invasion allemande dans la Beauce, leur dévouement ne connut plus de bornes (2). Les villages voisins, *Civry*, *Varize*, *Lutz*, envoyaient chaque jour leur contingent pour faire des reconnaissances Un jeudi, quelques jours avant notre arrivée, jour de marché, il y eut une fausse alerte... quelques escadrons de uhlans et de hussards de la Mort furent signalés à quelques kilomètres de la ville ; aussitôt la générale fut battue, les 800 gardes nationaux qui formaient toute la garnison furent sur pied en un clin d'œil, et M. Testanière, leur commandant, envoya en avant plusieurs reconnaissances ; pendant ce temps, le reste de la popu-

---

(1) MM. *Patau, Gouin, Anthoine, Lecesne, Piéton, Fanuel, Busson, Point de dette, Testanière, Isambert, Duchanoy*, etc.

(2) Les habitants de CHATEAUDUN, il faut le dire, même avant le désastre de *Sédan*, avaient déjà pris part aux angoisses de la France. Pendant le passage des troupes, un buffet avait été établi à la gare par les soins des dames de la ville, et la bonne Mme Lanoze, « la providence du soldat, » comme l'appelèrent plus tard nos francs-tireurs, et la charitable Mme Desbans, avaient pensé à tout.

lation, s'emparant des charrettes des paysans, couvrit la ville de barricades improvisées. Les braves gens qu'on avait dépouillés de leurs moyens de transports jetèrent bien les hauts cris, mais un écho sourd répondit à leurs plaintes. On était résolu à se défendre, et on attendit.

Heureusement, alors, ce ne fut qu'une fausse alerte! il n'y avait pas encore de Prussiens à huit lieues à la ronde. Cette fausse alerte servit néanmoins à quelque chose : on avait pu se compter, et chacun avait appris à s'estimer.

Ce fut donc dans cette disposition d'esprit que l'on nous fit les honneurs de l'hospitalité. Nos reconnaissances à *Voves*, à *Germignonville*, à *Trancrainville*, à *Rouvray*, à *Janville*, à *Angerville*, *Domerville* et *Monerville*, nous firent prendre en considération. Le « coup de tonnerre » d'*Ablis* encouragea les efforts des pays circonvoisins; et le jour peu éloigné où le général von Wittich allait nous faire l'honneur de prendre notre petit bataillon pour un « corps d'armée » commandé par un « général polonais, » la France apprit avec joie que CHATEAUDUN, *Varize* et *Civry* avaient bien mérité de la patrie. La ville de Paris aussi, qui n'a jamais été ingrate, sut se rappeler que c'étaient « ses enfants » qui avaient fait cette glorieuse journée !

Paris. — Edouard VENT, imp., rue N.-D.-de-Nazareth, 29.

www.ingramcontent.com/pod-product-compliance
Lightning Source LLC
Chambersburg PA
CBHW061004050426
42453CB00009B/1251